Mes Contes Enchantés

Illustrations de Carlos Busquets
Textes de Nathalie Monnin

Hemma

Table des matières :

Dépôt légal : 03.04/0058/094
N° d'impression : 5844.0403
Printed in Italy

Rose-rouge et Neige-blanche

Une femme âgée vit seule avec ses deux filles, plus ravissantes l'une que l'autre. La première, qui a le teint légèrement rosé, s'appelle Rose-rouge. La deuxième, dont le teint a la délicatesse de la neige, s'appelle Neige-blanche.

Chaque soir, pendant
que les deux petites finissent
quelques travaux ménagers, la brave
femme leur lit une histoire au coin de la
cheminée. Leur vie est paisible et heureuse.

Or, un soir, on frappe à la porte.
– Allez vite ouvrir, mes filles, dit la mère. Avec la neige qui tombe à présent, ce doit être un voyageur égaré.
Mais, quand les filles ouvrent la porte, quelle frayeur ! Un ours énorme se présente !
Les filles courent se cacher derrière leur mère !

Heureusement, l'ours ne montre pas une once de méchanceté, et les fillettes sont vite rassurées. Au contraire même, il joue avec elles et se laisse sécher, brosser, peigner, chatouiller, au gré de leurs caprices. Quel heureux compagnon de jeu pour passer l'hiver ! Car, bien sûr, l'ours reste tout l'hiver à l'abri du froid, au grand plaisir de la petite famille.

À l’arrivée du printemps, l’ours décide de rentrer chez lui.

– Pourquoi ne restes-tu pas ? demandent les fillettes.

– Parce qu’un méchant lutin cherche à voler ma fortune. Je dois être là pour la surveiller !

Les fillettes ne comprennent pas vraiment de quelle fortune il peut s’agir…

Un jour, alors qu'elles cueillent des fruits, les deux fillettes entendent des râles.

– Aidez-moi donc, idiotes ! s'exclame un lutin, dont la barbe est prise dans le tronc d'un chêne

Les deux fillettes ont beau chercher comment le libérer, la meilleure solution est encore de couper la barbe.

– Ah ! maladroites, hurle le lutin furieux !

Un autre jour, elles le trouvent la barbe empêtrée dans le fil de sa canne à pêche.

– Alors, vous attendez de me voir noyé ?

Hélas, il faut encore couper la barbe !

Quelques jours plus tard, elles voient un aigle tournoyer dans le ciel, puis s'abattre soudain sur une proie. Des cris terribles s'élèvent. Devinez qui crie ainsi…

Les petites ne perdent pas courage, elles prennent des bâtons et sauvent le lutin d'une ascension certaine. Croyez-vous qu'elles sont enfin remerciées ?

– Quelles gourdes vous faites, alors ! grogne le malotru.

Le lendemain, elles surprennent des râles de contentement. Curieuses, elles s'approchent et découvrent le lutin en train de contempler des pierres précieuses.

– Espèces de vilaines curieuses, leur jette-t-il, fichez le camp !

Les petites se retirent quand elles entendent...

... un énorme grognement suivi d'un gros « boum ». Les fillettes sont innocentes et si peu rancunières qu'elles disent en chœur :

– Le pauvre lutin, il se sera fait manger par un méchant ours ! Vite, fuyons, il va nous manger aussi !

Et elles commencent à courir, quand, soudain, une voix connue les arrête.

– Holà ! mes bonnes amies, vous ne me reconnaissez donc pas ?

Stupéfaites, les fillettes voient un beau jeune homme, là où il y avait un ours.
– Le lutin m'a jeté un sort, explique le prince. Je ne pouvais m'en libérer qu'en le tuant. C'est chose faite, me voici, moi à nouveau !

Et, comme un bonheur ne vient jamais seul, le prince avoue son amour à Rose-rouge et lui demande sa main, tandis qu'il présente son frère à Neige-blanche. Ceux-ci tombent amoureux l'un de l'autre, et on célèbre les deux mariages en même temps.

Les petits lutins

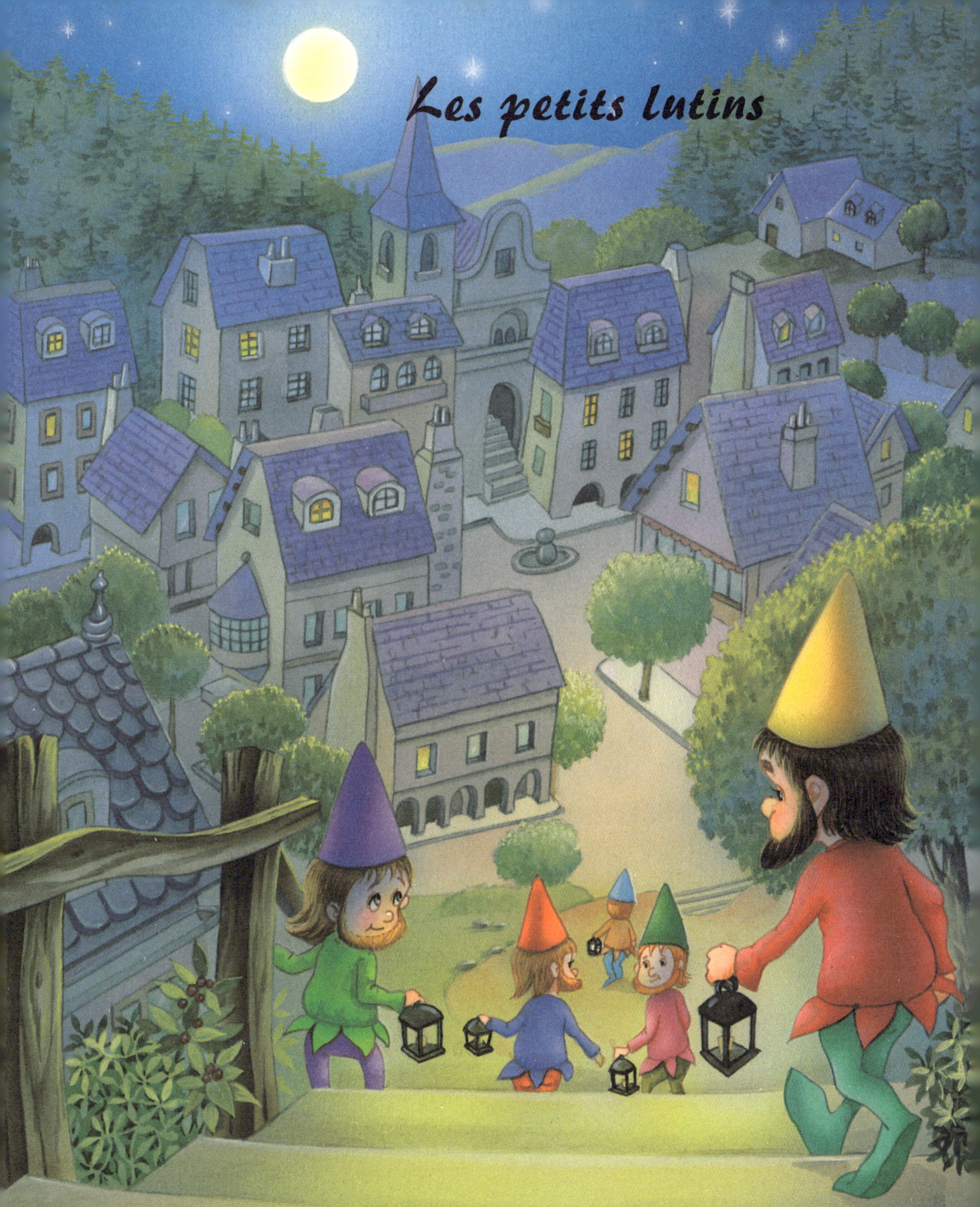

Éclairés par la lune, les petits lutins descendent de la montagne et entrent dans le village des hommes. Que vont-ils y faire ? Tout le monde dort, ils seront donc tranquilles, personne ne les verra !

D'abord, ils balaient la rue : le vent a soufflé si fort aujourd'hui qu'il y a des feuilles partout. Ils sont bien gentils, ces lutins, d'aider ainsi les balayeurs !

Puis ils finissent un mur. C’est le maçon qui va être
content demain matin !

– Chuuut, les enfants ! N’éveillez pas le village, on entre dans une maison.
Mais pour y faire quoi ?

Le menuisier va être content de voir ses étagères finies ! Et quel travail, tout en finesse et très propre ! Décidément, ces petits lutins sont très habiles et savent faire beaucoup de choses !

Aucun bruit n’a réveillé le
menuisier ; il dort à poings
fermés. Alors, petits lutins, où
allons-nous maintenant ?
On vous suit !

Quelle chaleur, ici ! C'est le boulanger qui sera content demain matin ! Mais nous, déjà, à vous voir travailler avec tant de joie, on a bien du plaisir à vous suivre ! Que savez-vous faire encore ?

Des saucisses ! C'est le charcutier qui sera content ! Mais qui êtes-vous pour savoir faire aussi bien tous ces métiers ? Et pourquoi aidez-vous les gens du village ? Ont-ils donc de grosses difficultés ?

Eh bien c'est le tailleur qui sera content demain matin. Quelle belle veste vous lui préparez ! Il la vendra sûrement un bon prix, et pourra bien nourrir sa famille. Mais savez-vous que le jour va bientôt se lever ?

Mais la méchante femme du tailleur découvre le travail terminé !
– Tu n'es qu'un fainéant, mon mari !

– Mais, je te jure que je n'y suis pour rien !
– C'est bien ce que je te reproche ! Ces lutins t'empêchent de travailler, quelle honte pour la famille !

La vieille écume de rage. Soudain, elle entend parler derrière une porte. Des chuchotements, parmi des petits pas de souris…

– Ah ! crie la mégère ! Ce sont ces lutins qui te rendent fainéant, comme tout le monde, ici !

Elle prend un balai et chasse brutalement les petits lutins. Mais les cris de la méchante ameutent tout le village. Bientôt des voix d'hommes retentissent, furieuses !

– Dehors, la despote ! crie le boulanger.
– Hors de chez nous ! hurle le charcutier.
La méchante a juste le temps de voir s'agiter quelques chapeaux pointus et d'entendre des rires très discrets, avant de quitter pour toujours le village.

Aladin

Aladin est un petit garçon très pauvre et abandonné. Un jour, il rencontre un homme qui lui propose enfin du travail.

– Bien sûr, je ferai tout ce que vous voudrez ! lui répond-il avec enthousiasme.

Le vieux monsieur n'est autre qu'un magicien et Aladin doit lui ramener une lampe !
– Voilà de l'argent facile à gagner, pense Aladin.

Aladin ne croit pas si bien dire !
Le magicien l'entraîne dans une grotte remplie de richesses. Il y en a tant que la caverne en est tout illuminée.
– Quelle merveille ! s'écrie Aladin, fasciné.
Mais le vieux hurle derrière lui :
– Ne t'arrête pas aux apparences, jeune idiot, prends au plus vite la lampe, là, et ramène-la tout de suite.
Pourtant Aladin ne peut s'empêcher de prendre au passage quelques richesses, et ne cesse de s'attarder…

Le cœur d'Aladin est plein de bonheur à la pensée de tout ce qu'il va pouvoir offrir. Offrir ? Mais à qui ?
Il est seul et ne connaît personne. Eh bien ! justement, ce matin, Aladin a croisé le regard d'une princesse, dont il est tombé follement amoureux. Mais vous pensez bien qu'une aussi riche et jolie princesse ne peut pas même avoir l'idée d'aimer un garçon aussi pauvre que lui ! Ça, Aladin le sait bien.

Enfin, Aladin prend la lampe. Mais, en la rangeant dans sa chemise, il la frotte contre lui, et…

– Oh ! Quel est ce prodige ? s'exclame Aladin, abasourdi devant l'apparition.

– Je suis le génie de la lampe, clame celui-ci, et je suis l'esclave de celui qui la possède. Je suis là pour exaucer tes vœux, mon maître.

– Exaucer mes vœux ! s’écrie, plein de joie, le nouveau petit maître. Voilà qui tombe bien, mon bon génie : je voudrais épouser la princesse.

– Rien de plus simple, mon maître, répond le génie. Et, aussitôt, Aladin, richement vêtu, se retrouve devant la princesse.

Aladin, au comble de la joie, demande alors la main de la princesse au roi. En même temps, le génie dépose au pied du trône une cassette remplie de pièces d'or. Le roi, très impressionné, annonce le mariage de sa fille dans les plus brefs délais.

Aladin accompagne sa douce aimée dans son nouveau palais, construit par la magie du génie. Ils vivent ainsi heureux, se croyant à l'abri de tout danger. Car Aladin a complètement oublié le vieux magicien…

Mais, un jour, le vieux magicien arrive jusqu'à la fenêtre de la princesse et lui propose d'échanger cette vieille lampe toute rouillée, là, sur la commode, contre une plus neuve… La princesse, ignorante du pouvoir magique de la lampe, pense faire plaisir à Aladin. Hélas, quand Aladin arrive, il est trop tard !

Le roi accable d'injures et de menaces le vilain magicien qui, en plus d'avoir pris la lampe, a emprisonné la jolie princesse. Une folle poursuite s'engage, car le magicien dispose maintenant du pouvoir du génie et traverse le pays à toute allure. Mais Aladin n'est pas en reste –l'amour aussi donne des ailes–, et, après plusieurs jours, le méchant est enfin rejoint. Pendant qu'il dort, Aladin réussit à lui dérober la lampe…

Vite, Aladin frotte la lampe.

– Ah ! Aladin, je préfère servir un bon maître comme toi plutôt qu'un gredin de magicien ! lui dit le génie, tout en ramenant Aladin chez lui.

Et il continue :

– Figure-toi qu'il m'a fait faire de bien mauvaises choses ! J'ai dû enfermer ta belle épouse avec moi dans la lampe et, pour cela, la rendre toute petite !

– Comment ça, la rendre toute petite ! s'exclame Aladin. Et où est-elle à présent ?

– Toujours dans la lampe, ne t'inquiète pas, mon bon maître. Tu vas tout de suite la retrouver.

Et, ajoutant le geste à la parole, il rapetisse Aladin.

C’est ainsi que les deux amoureux se retrouvent, encore plus amoureux qu’auparavant à cause des risques qu’ils ont courus. Le génie a le plaisir de les ramener sains et saufs au roi, et devant ses yeux ébahis, leur redonne toute leur grandeur. Le roi décide de faire d’Aladin son successeur, car, gardé par le pouvoir généreux et magique du génie, son royaume deviendra le plus prospère de l’Orient. Plus personne ne pourra être malheureux, et plus jamais il n’y aura d’enfant pauvre et abandonné.

Le brave petit tailleur

Un petit tailleur est en train de confectionner un nouvel habit, quand il entend le héraut du village annoncer les dernières nouvelles à la population :
– Avis à tous : le géant est revenu dans notre forêt, et recommence ses ravages.
Les braves gens sont effrayés : tout le monde connaît le géant et se souvient de son dernier passage, quand il a écrasé onze personnes !

Pendant ce temps, le petit tailleur fait la chasse aux mouches.
– Que d'impudence à venir me déranger ! crie-t-il.
– Ah ah ! nous sommes plus agiles que toi !
Mais, tout à coup, les mouches sentent une bonne odeur sucrée sur un coin du mur, et s'y agglutinent. Paf ! fait l'attrape-mouches.
– Sept d'un coup ! s'écrie le tailleur !
Agiles, mais trop gourmandes !

Et, de joie, il court à la fenêtre annoncer sa bravoure :

– Sept ! J'en ai tué sept d'un coup !

– Mon dieu ! se disent les gens, il a tué sept hommes d'un coup ; après le géant, voilà un monstre parmi nous ! La terreur, au village, est à son comble.

Très sûr de lui, le petit tailleur va chez le roi conter ses exploits. Il se garde bien de préciser qu'il ne s'agit que de mouches !
– Eh bien ! petit homme, si tu es aussi fort que tu le dis, je te promets ma fille et la moitié de mon royaume si tu parviens à nous débarrasser du géant qui sème la terreur dans notre forêt.

Le petit tailleur accepte, en se demandant bien comment il va pouvoir vaincre le monstre. Car, ma foi, entre sept mouches et un géant, il y a une petite différence ! Le petit homme, muni de ses ciseaux de tailleur et de toute sa bravoure, entre dans la forêt…

À peine a-t-il tourné au coin d'un arbre qu'apparaît déjà le terrible géant.

Le petit tailleur pousse un cri d'effroi devant le regard plein de gourmandise que jette sur lui le colosse. Lui, finir dans un ventre, si géant soit-il !

Il prend ses jambes à son cou,
mais il est bientôt rattrapé par
un bras du géant…

– Alors, moustique, c'est toi le foudre de guerre dont j'entends parler dans tous les sous-bois ? Tout petit comme tu es, tu crois me faire peur, avec tes « sept d'un coup »?

– Méfie-toi, géant, prévient le vaillant petit homme, la taille n'y fait rien, je suis plus brave que toi !

Le géant se met à rire, d'un rire énorme qui lui ferme les yeux et lui secoue les entrailles. Alors, le petit tailleur en profite…

Vite, il prend les ciseaux et les pique dans le gros nez. Difficile de rater la cible !

Et tandis que le géant est occupé par sa douleur, le tailleur lui ligote les mains.

Il est trop tard quand le géant s'aperçoit du travail déjà accompli par le tailleur, qui continue à serrer les liens de plus en plus fort. Furieux, le géant tente encore d'attraper ce moucheron, mais il se prend les pieds dans un arbre, tombe à la renverse et s'assomme.

Il est plus que temps pour le petit tailleur d'aller chercher le roi et son armée pour faire admirer sa bravoure : à leurs pieds gît le géant qui semait la terreur dans toute la région. Le roi est stupéfait !

– Comment donc, demande-t-il, un si petit homme est-il venu à bout d'un géant ?

– « Sept d'un coup » ! s'écrie joyeusement le petit tailleur en guise d'explication. Et ainsi le nomme-t-on désormais : Sept d'un coup !

Force ou ruse, ne doutant pas des qualités extraordinaires du petit tailleur, le roi n'hésite pas une seconde, et lui accorde sur-le-champ la main de sa fille.

– Un homme de cette trempe est toujours bon à avoir sous la main en cas de nouveau danger, pense-t-il. Du moment qu'il n'a qu'une seule épouse…

La gardeuse d'oies

Au cours d'une promenade, un jeune comte rencontre une pauvre vieille femme sur son chemin.

– Jeune homme, pouvez-vous m'aider à rentrer chez moi ? lui demande la vieille. Mes jambes, hélas ! ne me portent plus.

Le jeune homme accepte bien volontiers et prend les deux lourds paniers. Mais voilà que la vieille lui demande aussi de la porter !

– Allons donc, jeune homme, vous êtes fort, je suis faible et vieille ; faites cet effort, et je vous récompenserai, l'encourage-t-elle.

Enfin, la chaumière est en vue, et c’est avec un grand soulagement que le jeune homme dépose la vieille à terre. Alors que celle-ci s’en va ouvrir la porte, le jeune comte remarque une fille d’une laideur abominable. Elle est entourée d’oies, qu’elle semble devoir garder.

– Que cette fille est sale et laide ! pense-t-il.

Le jeune homme, à peine arrivé dans la chaumière, s'affale sur une chaise. Comme promis, la vieille lui apporte sa récompense :

– Tenez, jeune homme, prenez cette perle ; elle vous servira au moment où vous en aurez besoin.

Le jeune comte est bien étonné d'un tel cadeau !

Ayant repris la route, il aperçoit plus tard les tours d'un château, et demande l'hospitalité à la reine. En guise de remerciement, il pense à offrir la perle de la vieille, qu'il tend à la reine.

– Mon dieu, s'écrie-t-elle, où donc avez-vous trouvé cette perle ?

Pendant ce temps-là à la chaumière, la vieille femme raconte sa rencontre à la fille qui garde les oies.

– Ce jeune homme est d'une grande gentillesse ; il a le cœur pur, et je ne serais pas étonnée qu'on le revoie bientôt ! prédit-elle.

– Par ma bonne mère, s'écrie la gardeuse d'oie, vous pensez que là est la fin de mes malheurs ? Mais il m'a vue si sale et si laide…

Le jeune homme, à la demande de la reine, retourne sur ses pas et retrouve le chemin de la chaumière. Non loin, il entend un chant merveilleux. Caché derrière un arbre, il découvre alors la plus belle jeune fille qui soit.

Tandis que le jeune homme revient au château pour annoncer qu'il sait où se trouve la ferme et qu'il est prêt à y conduire la reine, la vieille offre une belle surprise à cette mystérieuse jeune fille.
– Cette robe est pour toi. Je pense qu'un événement va nous arriver très bientôt, il faut que tu en sois digne, continue-t-elle.

Le roi et la reine prient le jeune comte d'aller au-devant d'eux, prévenir leur fille de leur arrivée prochaine. Le jeune comte se demande bien de qui il s'agit : la gardeuse d'oies était loin d'avoir des airs de princesse !

La vieille conte alors au jeune homme l'histoire de la gardeuse d'oies :
– La pauvre fille a été chassée par son père. L'imbécile voulait savoir comment ses filles l'aimaient. La première, très coquette, avait répondu qu'elle aimait son père plus que sa plus belle robe.
La seconde, plus que son plus beau bijou.

– Et moi, continue la princesse, j'ai dit que j'aimais mon père autant que le sel. Furieux, il m'a chassée et déshéritée. Je voulais seulement dire que, sans mon père, la vie serait comme un mets sans saveur, comprenez-vous ? Je ne pouvais me passer de lui, et il ne m'a pas comprise, conclue-t-elle en pleurant.

-Oh ! s'écrie le comte en voyant des perles couler des yeux de la princesse.

Mais, déjà, la porte s'ouvre...
– Pardonne à ton père ma petite fille, prie la reine ; il a compris trop tard son erreur. Heureusement, d'entre toutes les perles du monde, il n'y a que tes larmes qui en font de si pures, et je les ai tout de suite reconnues ! Merci, bonne fée, d'avoir veillé sur ma petite, dit-elle à la vieille dame.

Ali Baba et les 40 voleurs

Un jour, en ramassant du bois dans la forêt, Ali Baba entend le bruit d'une cavalcade. Vite, il monte dans un arbre et regarde…

– Sésame, ouvre-toi ! dit alors un homme à un rocher.

Oh ! Le rocher s'ouvre, et les hommes entrent à l'intérieur. Que vont-ils faire là ?

Quelques instants plus tard, la troupe ressort et s'éloigne. Ali Baba, plein de curiosité, imite l'homme et s'adresse au rocher :

– Sésame, ouvre-toi !

Merveille des merveilles ! Le rocher s'ouvre ; Ali Baba pénètre dans la grotte et découvre une multitude de richesses.

– Une caverne de voleurs ! s'exclame-t-il.

Il prend quelques pièces et rentre vite chez sa femme l'informer de sa découverte.

– Des tas de richesses, comme je te dis, ma femme ! lui assure-t-il.

– Voilà qui va nous permettre de vivre mieux pendant un temps, conclut sa femme. Mais ne vont-ils pas s'apercevoir de ta visite ? Il n'est peut-être pas prudent d'y retourner !

– Ne t'inquiète pas, ma femme, je n'y retournerai que quand nous n'aurons plus rien, et je prendrai si peu qu'ils ne s'en apercevront pas. Qu'y a-t-il de mal à voler des voleurs ?

Peu après, arrive le frère d'Ali Baba, un marchand fortuné. Il voit sur la table les pièces d'or, et s'en étonne !

– As-tu enfin trouvé du travail ? demande-t-il, soupçonneux.

Ali Baba ne peut s'empêcher de raconter à son frère l'extraordinaire découverte qu'il a faite. Cupide, le frère s'empresse d'aller voir de ses propres yeux…

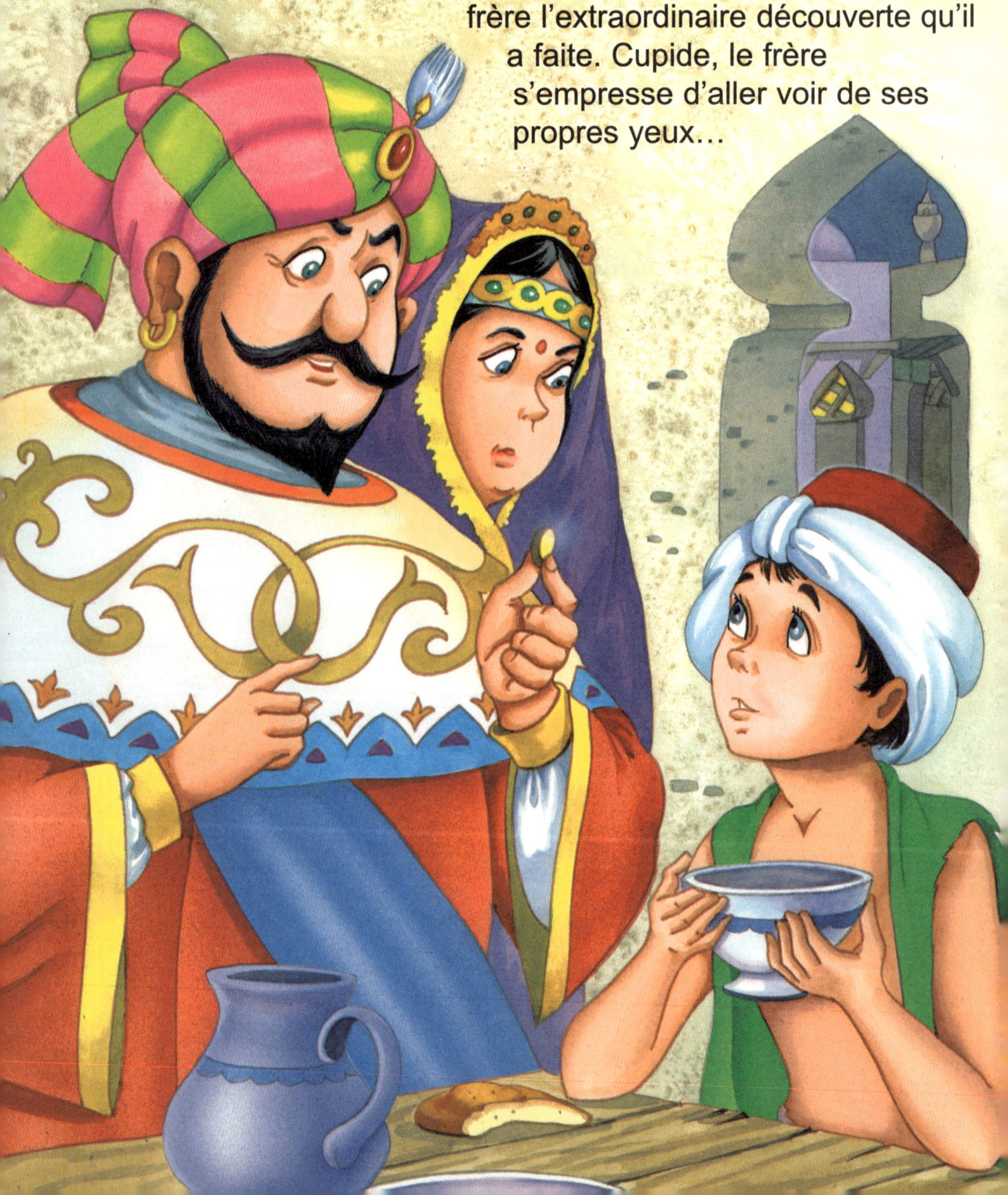

– Sésame, ouvre-toi ! crie-t-il à l'entrée du rocher. Oh, s'exclame-t-il, quelles merveilles ! Mon frère n'a pas menti ! Subjugué, quand il veut sortir, il en oublie les paroles magiques :

– Grain d'orge, ouvre-toi ! Ah non ! ce n'est pas ça. Blé dur, ouvre-toi ! Ah, qu'est-ce, déjà ? Sarrasin, avoine, maïs, millet…

Hélas, rien n'y fait ! Il a oublié le mot magique. De désespoir, le marchand s'endort au milieu des richesses…

Ne voyant pas revenir son frère, Ali Baba s'inquiète et prend le chemin de la caverne. À peine entré, il l'aperçoit en train de dormir au milieu de la grotte. Mais, au même moment, une voix du dehors lui parvient : les voleurs reviennent ! Il n'a que le temps de se cacher dans un recoin et de les voir tuer son frère, furieux d'avoir trouvé un intrus chez eux. Ali Baba s'enfuit dans le dos des voleurs, mais l'un d'eux aperçoit une ombre et prévient ses complices !

– Qu’on le suive ! hurle le chef des voleurs, au comble de la fureur ! Qu’on le pende, qu’on l’égorge, qu’on l’étripe ; je ne veux plus de voleurs chez moi !

Un des voleurs a réussi à suivre Ali Baba, sans pouvoir toutefois le rattraper. Mais il a vu sa maison et, pour être sûr de la reconnaître, la marque d'une croix. Heureusement, Fatima, la femme d'Ali Baba, a vu le maraud et se doute d'un malheur prochain. Elle prévient Ali Baba, qui lui dit :

– Attendons de voir. Si nous restons chez nous, rien ne peut nous arriver.

Le chef des voleurs
se présente le soir à la porte d'Ali Baba et lui demande l'hospitalité. Ali Baba accepte.

– J'ai là avec moi tout mon chargement de blé, ajoute le bandit. Cela vous ennuie-t-il que je rentre mes ânes dans votre cour ?

– Bien sûr que non, répond Ali Baba, c'est plus prudent !

Le chef des voleurs rentre les ânes dans la cour. Pendant qu'il est reçu dans la maison, Fatima et un serviteur ouvrent les jarres une à une et versent dedans de l'huile bouillante. Un cri à chaque fois s'en échappe : celui d'un brigand caché dedans en attendant la nuit pour égorger la maisonnée !

– Trente-neuf ! s'écrie la femme à la fin. Il y en avait trente-neuf ! Mon dieu, trente-neuf voleurs chez nous ! Et tous ébouillantés !

Et ce n'est pas fini, il reste le chef des voleurs, assis à côté d'Ali Baba ! Celui-ci se demande bien ce qui se passe dans la cour, si sa femme a eu le temps de tuer tous les bandits sans qu'ils s'en aperçoivent... Ah ! justement, la voilà qui vient danser pour leur hôte. Le voleur boit à sa santé, salue son talent et sa grâce, oublie, sous le charme de la danseuse si agile, ce qu'il est venu faire dans cette maison, et ne remarque même pas qu'elle danse avec un tambourin et un couteau !

Tzagg !
Le couteau se fiche dans le cœur du voleur, qui n'a vraiment pas eu le loisir de remarquer quoi que ce soit !

Et il était temps, car lui aussi s'apprêtait, la dague à la main, à tuer son voisin.
Ali Baba et le musicien restent pantois devant la dextérité et la rapidité de Fatima.
– Quarante ! dit-elle. Ça fait quarante voleurs, morts chez nous cette nuit !

Peau d'Âne

La plus jolie reine de tous les royaumes vient de mourir, laissant un roi éperdu de chagrin. Au dernier moment, elle lui a fait promettre de se marier à nouveau, à condition que la prochaine reine soit au moins aussi belle qu'elle.

– Mais comment trouver une reine plus belle que ma douce défunte ? soupire le roi. C'est alors que ses yeux se posent sur sa fille, et voient la femme qu'elle est devenue, plus jolie encore que sa mère.
– Ma fille, lui annonce-t-il, je dois respecter la promesse faite à votre mère sur son lit de mort.

– Je ne peux épouser mon
père, cela ne se peut ;
comment l’aimer comme un
mari ! se dit la princesse. Que faire ?
La nourrice ne trouve qu’une solution : s’enfuir en se cachant
sous un manteau d’âne…

La princesse quitte alors ses belles robes pour de vieilles hardes et cette peau d’âne. Elle part très loin, dans la campagne la plus reculée, en espérant que son père revienne à de meilleurs sentiments.

Heureusement, la jeune princesse rencontre un paysan d'une grande gentillesse, qui accepte de la loger et de la prendre en charge. Personne ne connaissant sa véritable identité, on l'appelle Peau d'âne.

Quelquefois, Peau d'âne trouve du plaisir à remettre une de ses robes, tout en chantonnant les berceuses de sa nourrice. Cette voix pure et cristalline attire soudain l'oreille d'un prince en promenade de ce côté-là… Il aperçoit alors une ravissante jeune fille, parée comme une princesse !

Le jeune homme se précipite vers la ferme, mais, à peine descendu de son cheval, c'est une souillon revêtue d'une peau d'âne qui se présente à lui comme étant la fille du fermier.

– Qui d'autre habite dans cette maison ? demande-t-il.

– Personne, mon bon prince, seulement ma fille et moi !

Méfiant, le jeune homme exige alors que le fermier lui fasse porter un gâteau fait de la main de sa prétendue fille. Peau d'âne s'exécute avec joie, revêtant pour l'occasion sa jolie robe de princesse. En même temps, lui vient l'idée de glisser une de ses bagues dans la pâte…

– Quelle idée saugrenue de vous faire livrer un gâteau par cette souillon qu'on appelle Peau d'âne ! s'exclame la reine en lui présentant le gâteau.
À peine a-t-elle le temps d'achever sa phrase que le prince pousse un cri.
– Mon fils ! crie la mère, on vous empoisonne !
– Mais non, cessez de vous affoler pour un rien, répond le prince. Regardez plutôt ce que j'ai failli avaler !
Et il sort une ravissante bague…

– J'épouserai celle à qui appartient cette bague, annonce le prince.

La nouvelle est aussitôt proclamée, et, de tout le pays, accourent les filles en âge de se marier. Hélas, la bague ne convient qu'à un doigt d'une grande finesse, et aucun ne satisfait à l'épreuve.

Aucun ? Voilà justement Peau d'âne qui se présente sous sa peau. La mère est horrifiée par la souillon, et par cette espèce d'odeur qu'elle traîne derrière elle, mais… ô miracle !

Au moment même où la bague reprend sa place naturelle sur la main de la jeune fille, la peau qui recouvrait les épaules de la souillon tombe et les hardes se transforment en une robe magnifique. Alors, apparaît la princesse dans toute sa splendeur. La cour, qui a assisté au prodige, est muette d'admiration devant la beauté qui se découvre, tandis que le cœur du prince ne fait qu'un bond ! Il est fou de joie, il va épouser la jeune fille de ses rêves. Il n'avait donc pas tant rêvé que cela !

Le petit soldat de plomb

C'est l'anniversaire de Paul, aujourd'hui. Son papa lui a offert une armée entière de soldats de plomb, tous identiques, exactement comme une vraie armée !

– Oh ! non, s'écrie Paul, regarde, papa, il manque une jambe à celui-ci !

– Oui, explique son papa, le vendeur m'a dit que c'est parce qu'ils sont tous fondus à partir d'une vieille cuiller de plomb. Mais, pour celui-ci, il n'y en avait plus assez, alors la jambe n'a pu être finie.

Qu'importe au soldat de n'être point comme les autres ! Il vient d'apercevoir, entre tous les jouets, une petite demoiselle qui ne tient que sur une jambe, elle aussi. Et pour cause, elle est danseuse… Paul a écarté le soldat unijambiste du lieu des combats ! Et il l'a posé non loin de la petite demoiselle ; ce qui, il faut le dire, fait bien l'affaire du petit soldat de plomb… mais aussi de la danseuse, semble-t-il !

Les doux regards échangés entre le petit soldat et la danseuse n'échappent, hélas, pas au vilain diablotin. Pourtant, ce sont des regards bien timides, et nulle parole n'a été prononcée, vous pensez ! Un soldat, comme une danseuse, ça sait se tenir dans le monde. « Tu ne t'en tireras pas comme ça », pense le jaloux. Et, soudain, la fenêtre s'ouvre, un vent se lève, qui vient enlever le soldat à ses amours et l'emporter dans le vide par la fenêtre…

Quelle chute ! Croyez-vous que le petit soldat a eu peur ? Certainement pas, un soldat ne craint pas le danger.
Mais il ne peut s'empêcher de penser à sa danseuse.

Il a bien senti que leurs amours naissantes ne plaisaient pas du tout au diablotin...
« C'est lui qui m'a joué ce vilain tour ! »
Heureusement, voilà Paul et son ami qui viennent le chercher. Il va donc retrouver sa belle !

Hélas, c'est une tout autre idée qui leur vient :
– Regarde, dit Paul à son ami, comme la pluie a fait un joli torrent dans le caniveau ! Et si on faisait naviguer notre soldat ?

Croyez-vous qu'il a eu peur ? Certainement pas, un soldat ne craint pas le danger. Mais il aurait bien préféré une tout autre aventure.

Cependant, un soldat est aux ordres ! Bien droit dans le bateau, il fait face au danger.

– Passeport ! crie une voix nasillarde. Halte-là, soudard ! répète la voix. Ce n’est pas un moulin à eau ici ! crie le rat, sans succès.
Le torrent emporte le bateau à vive allure, au milieu de tourbillons qui menacent la frêle embarcation.
Croyez-vous que le soldat a eu peur ? Certainement pas, un soldat ne craint pas le danger. Mais il aurait préféré tomber en d’autres bras !

Un bruit effroyable se fait entendre, c'est bientôt la sortie. Mais où tout cela va-t-il finir ? Croyez-vous que le soldat a peur ? « Certainement pas, se répète-t-il, un soldat ne craint pas le danger. » Mais quelle chute à nouveau ! Dans la mer, cette fois-ci. Et comment voulez-vous qu'il nage avec une seule jambe ?

Il ne nage pas, le petit soldat de plomb, il reste stoïque, comme il se doit pour un soldat, et il sombre au fond de l'eau.

– Ah ! de la chair fraîche ! entend-il dire à son propos.

Il n'a pas le temps d'expliquer qu'il est en plomb que, déjà, la bouche s'est refermée. Étrange sensation que la pénombre d'un ventre de poisson.

Soudain, des soubresauts terribles, et puis plus rien... le calme...

Croyez-vous qu'il a eu peur, notre vaillant soldat ? Il n'a pas eu le temps car, quelle surprise de se voir délivrer par... justement, la maman de Paul ! Le voilà revenu chez lui, il va retrouver sa bien-aimée ! Son cœur se met à battre, la vie est si belle tout à coup !

– Bah ! Ce qu'il sent mauvais ! dit Paul en prenant négligemment le petit soldat.

Et, d'un même geste, il le jette dans le feu. Le petit soldat a si chaud, tout à coup, qu'il ne sait pas si c'est son cœur qui se consumme d'amour ou pas. Croyez-vous qu'il a eu peur ? Non, mais sûrement, c'est encore un mauvais coup de ce jaloux de diablotin !

Le plomb commence à fondre pour de bon et le soldat aussi quand, tout à coup, ses yeux croisent ceux de la danseuse : un vent complice l'a amenée jusqu'à lui. Et, tendant toujours le bras vers son soldat, elle se consume d'amour avec lui. Ça, ça ne peut pas être un coup du diablotin…

Le lendemain
matin, en
nettoyant la
cheminée, la maman
est bien étonnée de trouver un
petit cœur en plomb. Croyez-vous que le soldat et la danseuse
ont eu peur ?

L'oiseau bleu

La princesse Florine vit avec sa belle-mère et la fille de celle-ci, Truitonne. Bien que la marâtre soit cruelle envers Florine, plus jolie que Truitonne, la jeune princesse est heureuse aujourd'hui : on dit qu'un roi vient chercher épouse en leur palais…

La belle-mère espère bien que le roi Charmant épousera sa fille Truitonne, celle-ci étant l'aînée et, surtout, sa propre fille. Hélas pour les deux furies, Charmant, dès qu'il aperçoit la douce Florine, en tombe éperdument amoureux. Florine tombe aussi sous le charme de ce roi si délicat et si prévenant, et ils se jurent sans plus tarder un amour éternel.

La belle-mère, furieuse, n’a rien perdu de la scène, et fait enfermer Florine dans la plus haute tour afin que le roi Charmant épouse Truitonne. Elle croit qu’en ôtant Florine de la vue du roi, elle lui ôte son amour ! Celui-ci, bien sûr, ne veut pas du laideron Truitonne, et cherche désespérément la douce Florine, dont il ignore le sort cruel.

Mais la méchanceté de la belle-mère ne connaît pas de bornes. Avec sa fille, elle réussit à tromper le roi, et celui-ci se retrouve entre les mains de la fée Soussio.

– Épouse Truitonne, ou je te transforme en oiseau bleu ! menace la fée. Le roi est un homme de parole, et, plutôt que d'épouser cette fille, il préfère voler de ses propres ailes…

Il retrouve ainsi Florine, qui lui explique comment on l'a enfermée.

– Hélas, mon cher roi, que vous a-t-on fait ?

– Qu'importe, chère Florine, nous pourrons nous voir tous les jours et nous aimer sans que personne ne nous en empêche !

Mais, c'est compter sans la rage de la reine ! Celle-ci a fait surveiller Florine en cachette. Et c'est ainsi qu'elle apprend les longues causeries de Florine avec un mystérieux oiseau bleu. La méchante fait alors dissimuler dans l'arbre en face de la tour un tas de couteaux, de rasoirs et de piques…

Le pauvre oiseau, tout à la joie de retrouver Florine, ne se doute pas du danger, et se pique et se coupe cruellement au moment de se poser sur l'arbre.

– Mon dieu, bel oiseau, seriez-vous mon roi ?

L'ami fidèle du roi, un bon magicien, vient enfin de le retrouver. Mais dans quel état !

– Fée Soussio ! demande le magicien. Rétablissez mon ami dans sa condition, et accordez-lui un délai de six mois : il vivra avec la princesse Truitonne pendant ce temps, et prendra une décision après. La fée accepte.

Entretemps, Florine a réussi à s'échapper de la tour, et se lance à la recherche du bel oiseau bleu.
« Depuis le temps qu'il n'est plus venu me voir, pense-t-elle, il lui est sûrement arrivé malheur ! »

Elle arrive enfin à la ville, qui est en liesse. On annonce le mariage prochain du roi Charmant. « Comment, le roi se marie ? se dit-elle. Au moins n'est-il pas mort ! Mais qui a pu forcer le roi à en épouser une autre que moi ? Est-ce là cet amour éternel dont il me parlait ? »

La jeune princesse réussit à s'introduire au château et à rencontrer le roi. Fini le mariage avec la laide Truitonne ! Les amants démasquent la sourde machination dont ils ont été victimes, et se promettent à nouveau éternité et fidélité.

La vilaine Truitonne tente encore d’empêcher ce mariage, mais le bon magicien intervient avant :

– Truitonne tu te nommes, truie tu deviendras ! Et tonne si tu veux ! clame-t-il. La vilaine s’enfuit dans un tonnerre de grognements. Ainsi, le roi Charmant et la princesse Florine peuvent-ils enfin se marier.

Madame Neige

Une pauvre enfant,
belle comme le jour, vit
avec sa belle-mère et sa fille. Celle-ci, vilaine et paresseuse, est la préférée de la mère, tandis que la belle enfant sert de bonne à tout faire. Un jour, de fatigue, le fuseau lui échappe des mains et tombe dans le puits.

– Mon dieu ! s'écrie la jeune fille, je vais encore me faire disputer !

Vite, elle court voir comment elle peut faire pour récupérer le fuseau. Elle essaye d'abord avec le seau, mais le fuseau semble coincé tout au fond. Plus qu'une solution : il faut descendre dans ce trou noir et peu rassurant… La petite a le cœur serré ; elle a peur et, de terreur, finit par s'évanouir tout au fond du puits.

Elle se réveille dans un tout autre paysage ! Sa maison n'est pas là. C'est un monde inconnu, où tout semble si doux ! Les oiseaux lui font fête, et la fillette les accompagne volontiers dans leur chant léger. Elle chemine ainsi, croyant rêver, et ne se rappelle plus du tout l'histoire du fuseau qu'elle était partie chercher.

– Au secours ! Au secours ! entend-elle tout à coup. Sortez-moi de là, je vais brûler, je suis déjà cuit ! crie la voix.
C'est une miche de pain qui appelle d'un four pour qu'on la sorte de cet enfer ! La petite s'exécute tout de suite. Pas de temps à perdre, il faut sauver la miche de pain !
– Ah ! merci, fait le pain hors du four, vous êtes bien gentille, petite fille, et bien mignonne !
Mais, bientôt, elle entend appeler plus loin…

– Au secours ! Au secours ! crie un pommier.
Je vais casser si on n'aide pas mes pommes à tomber !
Alors, la petite prend une branche et la secoue de toutes ses forces pour délivrer le pauvre arbre d'un poids fatal.
– Ah merci, belle enfant, vous êtes bien bonne !
– De rien ! répond la fillette.

Continuant son chemin, elle arrive à une petite maison. « Enfin ! pense-t-elle, je pourrai m'y reposer, si les habitants veulent bien m'accueillir. »

Elle est bizarre, cette maison, tout entourée de neige, alors qu'il fait beau !

– Je suis Madame Neige, belle enfant, la rassure une vieille dame avec un sourire charmant. Tu peux rester chez moi si tu veux. Mais à la condition que tu éventes très correctement mon lit chaque matin, car chaque plume qui tombe de mon oreiller fait de la neige, et il en faut sur le monde !

La petite accepte sans hésiter ! Pourtant, au fil des jours, elle ressent le mal de sa maison et des siens. Elle voudrait rentrer.

– Eh bien ! dit Madame Neige, je comprends, et c’est bien normal. Tu as été une bonne petite, travailleuse et courageuse : je veux te récompenser.

– Passe sous cette porte, ma fille, lui dit-elle encore.
La petite s'avance, et reçoit un monceau de pièces d'or dans son tablier ! Quelle joie de rentrer ainsi chez elle ! Peut-être que sa belle-mère va l'aimer un peu plus, maintenant. À peine la porte franchie, elle se retrouve en haut du puits, chez elle.

Voyant la fortune qu'elle tient dans son tablier, la sœur décide de descendre à son tour dans le puits. Elle entend le pain crier au secours, mais lui répond :

– Débrouille-toi, tu ne crois pas que je vais me salir !

Puis elle entend les cris du pommier :

– Débrouille-toi tout seul, je ne vais pas risquer de me faire assommer pour des pommes ! ricane-t-elle.

Arrivée à la maison de Madame Neige, la paresseuse a bien du mal à faire le ménage trois jours de suite. Elle n'évente pas l'oreiller comme il faudrait, et elle montre si mauvaise grâce que Madame Neige finit par lui dire :

– Tu veux peut-être rentrer chez toi, maintenant ?

– Oh ! oui, je n'attends que ça. Et ma récompense ? demande impoliment l'ingrate.

– Bien sûr, je ne l'oublie pas, ta récompense. Tu auras celle qui sied à une fainéante comme toi ! dit Madame Neige.

Et, de la porte, ce n'est pas l'or attendu qui tombe, mais une boue de poix épaisse et collante. La fille se retrouve en même temps chez elle, en haut du puits.

– Cocorico, cocorico ! La paresseuse est de retour ! annonce le coq en fuyant la mauvaise odeur. On n’a que ce que l’on mérite, et sans doute la bonne fortune n’arrive-t-elle jamais par hasard !

Le joueur de flûte de Hamelin

C'est l'enfer dans la petite ville de Hamelin : des rats par milliers, venus on ne sait d'où ni pourquoi, ont envahi la ville et ravagent tout sur leur passage. Blé, maïs, fromage, tous les greniers y passent ! Et rien n'y fait, il semble que plus on les chasse, plus il en revient. Encore quelques jours à ce train-là, et il n'y aura plus rien à manger…

Les gens du village, furieux, vont se plaindre au maire.

– Vous êtes un incapable, lui disent-ils. Vous devriez avoir honte de n'avoir aucune solution pour nous sauver !

– Mais que voulez-vous que je fasse de plus que vous, mes braves gens ? Mes greniers sont mangés comme les vôtres !

Le maire prend tout de même une initiative : une déclaration publique.

– Appel à la population ! crie le héraut à chaque coin de rue. Que celui qui a une idée pour sauver notre village de l'invasion de rats se présente devant le maire. Une forte récompense est promise à qui nous aidera !

Les gens se disent qu'enfin le maire fait quelque chose. Mais ils se demandent aussi qui aura une idée assez géniale pour débarrasser le village des rats !

Dès le lendemain, un petit homme, plutôt malingre, avec un chapeau pointu bizarre et une flûte, se présente à la mairie.

– Eh bien, votre problème, je vous en débarrasse comme je vous le dis ! déclare-t-il.

Le maire est un peu surpris et fort dubitatif. « Enfin, pense-t-il, essayons ce bougre-là ! De toutes façons, nous n'avons rien à perdre. » Et il propose cent ducas à l'homme pour accomplir la besogne.

– Cent ducas, c'est une belle somme ! D'accord, dit le petit homme.

Le petit homme au chapeau pointu est à peine sorti de la mairie qu'il se met à jouer de la flûte. Aussitôt, tous les rats de la ville sortent des greniers et suivent le curieux homme.

– Quel air magique joue donc cet homme-là ? disent les gens en voyant courir les rats derrière lui.

Mais l'homme au chapeau pointu va bon train et sort bientôt du village ; tous les rats sont avec lui !

Il les emmène ainsi jusqu'à la rivière, qu'il traverse tout en continuant à jouer. Les rats suivent, mais n'atteignent pas l'autre côté : tous se noient.

– Voilà le travail ! chantonne le magicien. Je n'ai plus qu'à aller chercher mes cent ducas.

– Comment ça, cent ducas ! C'étaient dix ducas ; vous avez dû mal entendre ! se moque le maire.
– Méfiez-vous, si vous ne me payez pas mon dû, je reviendrai vous jouer un mauvais tour, cette fois ! menace le joueur de flûte.
– Un mauvais tour ? Avec qui ? Fluet comme vous êtes, venez donc, on vous attend ! répond le maire, insouciant.
La méchanceté étant toujours punie, il se peut bien que le maire regrette sa fourberie…
La semaine suivante, on entend dans les rues de Hamelin un nouvel air de flûte, plus étrange encore que la première fois.

Et voilà tous les enfants du village qui se précipitent derrière le joueur et le suivent !

– Ce garçon-là est bien curieux, mais bien gentil de venir amuser nos enfants, se disent les gens en les voyant passer.

C'est qu'ils ne sont pas au courant de la fourberie du maire…

Les enfants s'amusent bien, à suivre cet air. Ou plutôt, ils semblent complètement hypnotisés par le joueur, qui les emmène maintenant loin du village… Si loin, qu'on arrive bientôt dans la montagne, près d'une grotte. Tous les enfants entrent dans la grotte. On entend encore un peu le son de la flûte, puis plus rien. Et plus d'enfants !

La nuit est tombée au village, mais aucun enfant n'est rentré. Les parents s'inquiètent.

– Et si, comme les rats, nos enfants ne revenaient jamais ?

Ils entrent en force à la mairie voir ce qui se passe.

– Comment ça, il n'y a plus d'enfants ? s'étonne le maire.

Alors, un peu tard, le maire comprend que l'homme au chapeau pointu a mis sa menace à exécution. Il a donc kidnappé tous les enfants du village ! Face à la vengeance du joueur de flûte, il dit :

– Ne vous inquiétez pas, je sais comment faire revenir les enfants. Dès demain, ce sera chose faite.

Sur ce, il part à la recherche du magicien.

Il n'a pas bien loin à aller, car le joueur de flûte l'attend à la sortie du village.

– Alors, mon brave homme ?
– Mille pardons, s'excuse le maire, voici vos cent ducas. Mais rendez-nous nos enfants, par pitié !
– Bien sûr. Mais ne vous fiez plus aux apparences, vous voyez comme elles sont trompeuses !

Et c'est ainsi que, comme ils sont partis, les enfants reviennent, en suivant le magicien. Quelle joie pour chacun de retrouver père et mère ! Le village a repris sa vie normale, avec ses enfants et... sans les rats !

La petite Sirène

Vous ne le saviez peut-être pas, mais au fond de la mer existe un peuple avec un château, un roi, des lois et une petite sirène. En fait, il y en a six, parce que le roi a six filles ! La plus jeune, sa préférée, est aussi la plus douce, la plus curieuse, la plus entêtée : elle veut vivre chez les hommes, comme eux, avec deux jambes.

Mais comment voulez-vous qu'une petite sirène vive au milieu des hommes, alors qu'elle n'a qu'une queue de poisson en guise de jambes ? Elle ne pourrait pas marcher ! Alors, chaque jour, la petite sirène se contente d'aller jusqu'à la surface de l'eau, de guetter les bateaux et d'admirer le monde des hommes et leur manière de vivre. Cela lui semble si mystérieux !

Aujourd’hui, la petite sirène arrive à la surface au moment même où un bateau se trouve en grande difficulté : une tempête a dû le surprendre, et il tangue dangereusement. La petite sirène ne comprend d’abord pas ce qui se passe, et elle trouve ces mouvements de balance amusants. Mais, bientôt, on entend des bruits de mâts qui se cassent et d’hommes affolés qui crient leur peur. La petite sirène comprend tout à coup le danger…

Voyant un jeune homme plonger dans l'eau au moment où le bateau se brise en deux sur une lame plus forte que les autres, la petite sirène se rappelle soudain que les hommes ne peuvent pas respirer sous l'eau, et que celui-ci n'aura pas la force de nager jusqu'au rivage. Vite, elle s'élance au fond des eaux pour le récupérer et le ramener à la surface. Là, heureusement, un reste de mât flotte ; le jeune homme est sauvé !

La petite sirène devine tout de suite, à ses beaux habits, qu'il s'agit certainement d'un prince. D'ailleurs, tout l'indique : les traits de son visage si doux, la finesse de ses mains, son air altier. Tout, et surtout le cœur de la jeune sirène, qui se met à battre à tout rompre : prince ou pas chez les humains, cet homme-là règne déjà sur sa vie… La petite sirène, ne pouvant détacher son regard du visage du prince, en tombe éperdument amoureuse.

Mais voilà qu'on entend au loin des rires de femmes : on s'approche de la plage, il faut vite partir ! À regret, la petite sirène abandonne le prince et nage se cacher derrière des rochers. Trois jeunes femmes du couvent arrivent, elles voient le corps allongé sur le sable et le secourent immédiatement.

Le prince ouvre les yeux et rencontre le regard de l'une d'entre elles, qui l'interroge, penchée sur lui… Puis il semble se rendormir, rassuré d'être sain et sauf.
La petite sirène n'y tient plus : elle doit devenir humaine et se faire connaître du prince, parce que la vie sans lui ne présente plus aucun intérêt.

Elle est si triste que ses sœurs finissent par lui révéler l'existence d'une sorcière qui, peut-être, pourra l'aider… La petite sirène s'en va donc la trouver, et lui expose sa demande. La sorcière ricane en disant :

– Cela te coûtera ta voix, mon enfant. Je t'offre des jambes, mais rien n'est gratuit : il paraît que tu as la plus belle voix des océans, il me la faut !

La petite sirène sacrifie donc sa voix…

Dès le lendemain, elle se présente au prince, qui croit reconnaître en elle la jeune fille du couvent. Il l'interroge pour savoir si c'est elle, mais… comment répondre ? La petite sirène n'a plus de voix ! Le prince comprend qu'elle ne peut donc pas être la jeune fille de la plage qui lui a sauvé la vie. Il l'accueille pourtant volontiers dans son château. En même temps, il fait faire des recherches pour retrouver celle à qui il pense devoir la vie.

On la retrouve vite, et les fiançailles sont proclamées. Hélas, la vieille sorcière a prévenu la petite sirène :

– Si tu ne te fais pas aimer du prince et si tu ne l'épouses pas, tu mourras le lendemain de ses noces, au lever du soleil.

Folle de douleur, la petite sirène se précipite dans un bateau, et part au large accomplir son destin, avec l'espoir de revoir une dernière fois ses sœurs…

Comme mues par un sombre pressentiment, ses sœurs la rejoignent, en effet, et lui révèlent qu'il est encore temps de ne pas mourir :

– Tu peux redevenir sirène et arrêter le maléfice ! lui expliquent-elles. Va trouver le prince, transperce son cœur et laisse son sang baigner tes jambes. Alors, tu retrouveras ta queue de poisson et tu pourras revenir vivre avec nous.

– Transpercer le cœur de mon bien-aimé ? se dit-elle. Mais mes sœurs ne se rendent pas compte à quel point je l'aime, à quel point je suis encore moins capable de le tuer que de vivre sans lui ! Et, comme le soleil commence à poindre, la petite sirène fait non de la tête ; de grosses larmes de gratitude et de tristesse coulent sur ses joues, et elle laisse le couteau tomber dans la mer.

Au même moment, les rayons du soleil font rosir les nuages. C'est sur ce lever de soleil que la petite sirène a sombré dans un sommeil fatal, retrouvant sans le savoir la profondeur des océans, mais gardant ses jambes d'humaine et son rêve d'amour à tout jamais.

Les musiciens de Brême

Un petit âne est bien fatigué d'avoir travaillé si dur toute sa vie. Mais il n'est pas au bout de ses peines !

– Demain, vieille carne, je te vends à l'abattoir ; tu n'es plus bon à rien ! dit en râlant, une fois de plus, son maître.

Dépité par tant de cruauté, alors qu'il a vaillamment travaillé toute sa vie sans jamais se plaindre, le petit âne décide de quitter ce maître trop ingrat. À la nuit tombée il se met en chemin, jetant un dernier regard sur ce qu'a été sa vie…

En approchant d'une ferme voisine, il entend pleurer.

– Qui est malheureux ? demande-t-il.

– Moi, parce que je ne peux plus garder les moutons. Ils disent que je suis trop vieux ! répond un chien.

– Viens avec moi, je suis aussi vieux que toi, et mon maître menace chaque jour de me vendre à l'abattoir. Alors je me suis enfui, réplique le petit âne.

En approchant d'une autre ferme, ils entendent à nouveau des plaintes. Cette fois-ci, c'est un vieux chat dont plus personne ne veut !

– Joins-toi à nous ; entre vieux, il y a de la place ! disent l'âne et le chien.

– Vraiment, vous voulez bien d'un vieux chat comme moi ? s'étonne l'animal.

Mais c'est un coq, qui bientôt attire leur attention par ses jérémiades.

– Hélas, je n'ai plus de voix pour réveiller ma basse-cour, et demain on doit me manger ! répète-t-il.

– Viens avec nous, lui disent les trois amis !

Et les quatre animaux cheminent dans la forêt jusqu'au milieu de la nuit.

Ils sont bientôt assez fatigués, mais il fait froid pour dormir dehors.

Pendant que chacun repose ses vieux os, le coq monte sur une branche pour voir s'il n'y a pas un abri.

– Ah ! mes amis, je vois une petite maison là-bas, où il me semble qu'un bon feu crépite ! annonce-t-il, fier de servir à quelque chose.

Les animaux se rendent à l’endroit indiqué. Ils sont bien étonnés de voir de la lumière, au beau milieu de la nuit ! Qui donc peut être au travail à cette heure-ci ?

Curieux, ils avancent jusqu'à la fenêtre, et que voient-ils ?
– Mais ce sont des voleurs ! disent-ils d'une même voix.
Sur la table, des victuailles sont étalées au milieu de pièces d'or… Trois hommes comptent et recomptent les pièces pour se les partager.

– Il n'est pas dit que nous ne pouvons plus servir à rien ! déclare l'âne.
Et il propose à ses amis d'effrayer les voleurs par tous les cris qu'ils pourront sortir de leurs vieilles voix.
Les quatre amis se préparent, grimpant les uns sur les autres pour paraître encore plus effrayants.

De fait, personne n'a jamais imaginé un pareil attirail ! D'abord surpris, les voleurs sont ensuite épouvantés, autant par les figures qui se présentent à eux que par les cris affreux des vieux animaux. Ils ne savent plus où ils en sont, et si de tels cris ne cachent pas quelques fantômes ou autres revenants !

Abandonnant la maison, ils s'enfuient en criant qu'ils ont vu quatre diables enragés ! Les animaux les regardent partir, savourant déjà leur victoire et le repas qui s'annonce…

Ils sont plus intéressés par le repas que par les pièces d'or. Mais ces pièces pourront bien leur servir, maintenant qu'ils ont une petite maison pour eux quatre, une petite maison à entretenir. Car il semble qu'elle soit à l'abandon, elle aussi. Sans doute parce qu'elle est trop vieille ?

Tom Pouce

Un pauvre homme et sa femme n'ont pour seule fortune que leur fils. Si petit soit-il, il est le soleil de leur vie tant il est drôle, charmant, délicat et serviable. On l'appelle Tom Pouce, parce qu'il n'est pas plus grand qu'un pouce.

Si petit soit-il, il rend quand même de grands services, comme diriger le cheval de son père : à califourchon sur la tête de la bête, il indique la gauche en tirant l'oreille gauche, et ainsi de suite. Tom Pouce fait l'admiration des voisins de la famille, justement parce que, si petit soit-il, il a un cœur immense.

Un jour, son père et lui rencontrent deux riches marchands.

– Holà, mon brave ! disent-ils au père, ce bout d'homme qui se tient sur votre épaule est bien singulier ! Vendez-le nous, nous vous en donnerons un bon prix !
– Cet enfant n'est pas à vendre, monsieur, c'est mon fils, répond le père.
Mais Tom Pouce lui dit à l'oreille :
– Vends-moi, papa, et ne crains rien,
je suis plus malin qu'eux.

Sitôt les deux compagnons assez éloignés de la ferme, voilà Tom Pouce qui leur file entre les doigts ! Il est si petit qu'il n'a pas de difficultés à se cacher. Les deux marchands en font les frais : plus d'argent, plus de bout d'homme à montrer dans les foires.

La nuit arrive et Tom Pouce a sommeil. Il trouve une coquille d'escargot abandonnée, tout juste un abri pour la nuit. Il rêve de ses parents qu'il espère bientôt retrouver, quand des bruits le réveillent. Sa curiosité est grande : il se faufile à travers les herbes pour voir qui parle ainsi la nuit au lieu de dormir.

Deux marauds guettent une maison. Ils attendent que tout le monde dorme à poings fermés pour s'y introduire.
– Moi je peux vous aider ! crie derrière eux la petite voix de Tom Pouce.
Surpris, les deux vauriens se retournent et rigolent :
– Toi, minus, comment donc veux-tu nous aider ?
– Je suis petit, je peux entrer dans la maison et vous ouvrir la porte ! répond Tom Pouce.

Tom Pouce serait donc devenu un voleur ? Il grimpe sur la fenêtre, aidé par son complice, et s'introduit dans la maison. Les parents de Tom Pouce ne l'ont point élevé pour voler, et ils seraient bien surpris de le voir devenir malhonnête !

– Au voleur, au voleur ! se met alors à crier Tom Pouce, aussi fort qu'il le peut dès qu'il est à l'abri. Les voleurs, effrayés par tant de bruit, s'enfuient à toutes jambes, sans demander leur reste !

« Qui croyait prendre est bien pris, se dit Tom Pouce en rigolant. Voilà un bon tour joué à ces malappris ! »

Tom Pouce est décidément d'humeur coquine : le lendemain matin, il ne trouve rien de mieux à faire que d'effrayer une poule en lui tirant les plumes. La poule, affreusement choquée, court à travers l'étable, effraye à son tour la vache et la fermière, et voilà tout le lait de la traite renversé ! Quelle pagaille à l'étable !

Tom s'enfuit en courant, jusqu'à perdre haleine. Alors il se repose un moment contre un arbre, quand soudain…

– Rrrrraaah ! entend-il grogner.

Un énorme loup arrive sur lui pour le manger. Tom ne perd pas son sang-froid, et dit :

– Vois-tu comme je suis petit, monsieur loup ? Tu ferais maigre pitance avec moi. Suis-moi plutôt, je connais un endroit plein de nourriture…

Tom conduit le naïf chez ses parents. Ouvrant la porte, il lui montre toutes les bonnes choses à manger. Le loup se pourlèche déjà les babines à la vue de tant de jambons et de saucisses. Mais, tandis que le loup est tout en appétit, Tom court vite réveiller son père !

Boum ! fait le gourdin en assommant la bête. De mémoire de loup, on n'avait jamais pris un si grand coup sur la tête sans avoir rien eu le temps de manger ! Ainsi finit l'aventure de Tom Pouce, qui retrouva avec bonheur l'amour de ses parents. C'est que, grâce à l'argent des riches marchands, ils ont pu faire prospérer leur ferme ! Il ne manquait à ces deux bonnes gens que de retrouver leur petit soleil pour s'y chauffer encore le cœur.